教

引き算
仕事術

山中 伸之
やまなか　のぶゆき
［著］

学陽書房

はじめに

　教員のみなさん、疲れていませんか？

　この本を手に取ってくださっているということは、かなり疲れていることでしょう。

　できれば、もう少し仕事を減らして、あと１時間でも早く帰りたいと思っていることでしょう。

　そのようなことが本当にできるのでしょうか。

　本当にできるのです。

　今までの仕事や考え方から、ちょっとずつ引き算をするだけです。少しだけ、やり方を変えたり考え方を変えたりするだけです。

　ただし、劇的に早く帰れるようになるわけではありません。

　明日から定時に帰れるというような、夢のようなノウハウではありません。チリも積もれば山となるように、小さな節約が積もって１時間早く帰れるようになるのです。

　たかが１時間でしょうか。

　みなさんは、毎日１時間の時間が自由に使えれば何をしますか。

　おいしいコーヒーを飲むことができます。

　好きな本を読むことができます。

　たまったビデオを見ることができます。

　友達や恋人に電話やメールを思い切りできます。

　ご両親と話したり、家族と話したりできます。

　そうです。たった１時間でも生活がずっと豊かになります。

　豊かな生活は、みなさんの心身を充実させるでしょう。

　それはみなさんの仕事の充実、人生の充実につながります。

　ぜひ、この引き算仕事術で、みなさんの生活を豊かにし、人生を充実させてください。

　2020 年 3 月

山中　伸之

＼ 毎日がガラリと変わる！ ／
先生のためのマインドチェンジ

🍃 **NG**マインド　　　✨**OK**マインド

引き算仕事は角が立つ	引き算仕事は役に立つ	… 10
引き算仕事は「手抜き」	手抜きではなく「効率化」	… 12
仕事が速いと損をする	明日のために今日働く	… 14
「人付き合い」は大切	「相手の時間」は無駄	… 16
好かれようとし過ぎる	嫌われてもいい	… 18
不得意な仕事も自分で	得意・不得意を共有	… 20
「できない子」が気になる	「できない子」がいていい	… 22
「子供のために」が口癖	本当に「子供のため」?	… 24
オリジナルにこだわる	人の真似でいい	… 26
毎日がなんとなく不安	やめてもなんとかなる	… 28

やってはいけない手抜き❶　他に迷惑をかける …………… 30

＼残業時間0を目指せ！／
校務効率化ルーティン

1 脱・完璧主義　60点でも学校は回る ‥‥‥‥‥‥‥‥‥ **32**

2 ゴミでも使える　たまには本当にゴミ箱を見よう ‥‥‥‥ **34**

3 報告は口頭よりも文書で　同じことを言う手間が省ける ‥‥ **36**

4 会議の時間も活用　聞きながらできることをする ‥‥‥‥ **38**

5 はっきりNOと言う　NOが言えないと結局後悔する ‥‥‥ **40**

6 お助け貯蓄をしよう　得意なことでどんどん助けよう ‥‥‥ **42**

7 昨年通りでOK　教育は新しさよりも安定が大事 ‥‥‥‥ **44**

8 仕事は細分化する　「細分化仕事リスト」をつくる ‥‥‥‥ **46**

9 締切効果と作業興奮　時間を決めて一気に仕事をする ‥‥ **48**

10 愚痴はスルー　愚痴や噂話には深く関わらない ‥‥‥‥‥ **50**

やってはいけない手抜き❷　　楽をするためだけ ‥‥‥‥‥ **52**

＼ 効率仕事のキーポイント！／

人間関係すっきりテクニック

1 自分を悪く思わない 「文句」を言うのは相手の都合 ‥‥‥ **54**

2 相手を悪く思わない 悪く思うといいことがない ‥‥‥‥ **56**

3 基本の返事と挨拶 さらに一言付け加えるとなお良い ‥‥‥ **58**

4 板挟みになったら 八方美人にはならない ‥‥‥‥‥‥ **60**

5 保護者対応を気にし過ぎない 誠実に対応＆自分をねぎらう ‥ **62**

6 話し方の基本は誠実 くだけた話し方はNG ‥‥‥‥‥ **64**

7 担任を理解してもらう 保護者会で担任の考えを伝える ‥ **66**

8 これは言わない！ 保護者と話すときの禁句 ‥‥‥‥‥ **68**

9 ミスは潔く認める 遅刻やミスは誠実に対応し挽回する ‥ **70**

10 早く帰る口実はこれ 仕事がないなら早めに帰ろう ‥‥‥ **72**

やってはいけない手抜き **❸** ┃ 他人を無理に誘い込む ‥‥‥ **74**

1 ビリは必ずいる　頑張っても全員1位にはなれない ‥‥‥‥ **76**

2 家庭のことはあきらめる　自分の持ち場で全力を尽くす ‥ **78**

3 チェックは子供に頼む　細かいチェックは大変な作業 ‥‥‥ **80**

4 子供に期待し過ぎない　子供はできないのが当たり前 ‥‥‥ **82**

5 仕事を子供に任せる　やりたがる子にやってもらう ‥‥‥ **84**

6 普通が一番　特別なことをしなくてもいい ‥‥‥‥‥‥‥ **86**

7 「見事」な掲示不要！　教室掲示＝情報の伝達＆確認 ‥‥‥ **88**

8 学習習慣ポイントリスト　聞く力を高めて急がば回れ ‥‥ **90**

9 口癖をポジティブに　ダ行の口癖をサ行にする ‥‥‥‥‥ **92**

10 楽ちん学級通信術　要点を絞って的確に伝えよう ‥‥‥‥ **94**

やってはいけない手抜き **4**　　必要なムダも抜いてしまう ‥ **96**

＼教師も子供もwin-win！／
授業経営さくさくメソッド

1 指導書を最大活用　指導書通りの授業で腕を上げる ……… 98

2 採点は子供がする　確認よりも出力に時間をかける ……・ 100

3 音読は最強の学習法　何はなくともまずは音読から ……・ 102

4 めあてと振り返り　カードを使って上手に振り返り …… 104

5 子供にも板書させる　考えや気付いたことを書かせる … 106

6 クイズをつくらせる　クイズづくりは一石二鳥の学習 … 108

7 まとめ方を教える　1人でノートにまとめさせる ……… 110

8 教え合い学び合い　子供たち同士で説明し合う ……… 112

9 教え込みでいい　学習すべきことを分からせる ……… 114

10 テスト時期を逃さない　教科書やドリルに目印をつける … 116

やってはいけない手抜き **5**　｜　単なる先送りにはしない ・・ 118

☑ 毎日がガラリと変わる！

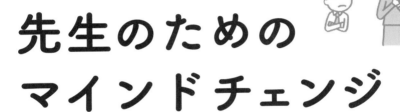

先生のための
マインドチェンジ

引き算仕事は角が立つ

　仕事を効率的に行って時間のゆとりができ、ちょっと一休みしたりすると、**「楽をしていると思われているのでは？」**と疑心暗鬼に陥ることがあります。

　しかし、仕事をきっちりとこなし、誰にも迷惑をかけなければ、そういう声も見方も徐々に減っていきます。人の口に戸は立てられません。嫌みは受け流すくらいの気持ちでいましょう。

OK マインド

引き算仕事は役に立つ

長い時間、仕事に集中して取り組むことはできません。適度な休憩が必要です。適度な休憩は仕事の効率をアップさせます。

引き算仕事術で生じた時間では、締切が先の提出物などを、先取りして進めておくのもいいですが、おやつを食べたり、軽いストレッチをしたりすることにも使いましょう。**必要な休憩を今とっている**と考えれば OK です。

引き算仕事は「手抜き」

　引き算仕事とは、それまでかけていた手続きや手数、やっていた作業などの一部を省くことです。**必要のない手続き、なくても何とかなる手数や作業をやらないこと**です。やるべきことをやらない手抜きではありません。

　一見するとただの手抜きと見えるかもしれませんが、必要のない手間をかけるよりも、時間を有効に使うことができます。

OK マインド

手抜きではなく「効率化」

　引き算仕事術によって生まれた時間は、他のもっと有益なことに使うようにします。これが「効率化」です。効率化をすると、他の人と仕事の仕方が変わり、角が立つと気にしてしまうかもしれません。しかし例えば、「簡単な問題の採点は子供自身に任せて、その時間でより有益な仕事である教材研究をする」などと考えてみてはいかがでしょうか。

NG マインド

仕事が速いと損をする

　引き算仕事術で仕事を効率化すると、仕事が速く終わります。速く終わると、「物の移動」「意見の集約」などの単純作業を頼まれることがあります。

　このとき、余計な仕事はしたくないからと、仕事をわざとゆっくりやってみたり、頼まれた仕事を嫌々したりしていたのでは、**仕事のスキルも上がりませんし、時間も有効に使えなくなってしまいます。**

OK マインド

明日のために今日働く

　「貧者は昨日のために今日働き、富者は明日のために今日働く」とは二宮尊徳翁の言葉です。**余計な仕事は、仕事が遅くても速くても頼まれるもので**す。余計な仕事も、上司や先輩から頼まれれば無下に断ることはできません。また、雑用を積極的にやる人は信頼されるものです。雑用を上手にこなすために仕事の優先順位を考える習慣も身につきます。

NG マインド

「人付き合い」は大切

　雑談や噂話、愚痴などに付き合うことも時には大切です。しかし、付き合い過ぎると、自分の時間がなくなってしまいます。

　人付き合いを気にし過ぎる人は、付き合いを断るのは相手の人に悪いのではないか、断ると悪く言われるのではないかなどと思いがちですが、**多くの場合、それらは思い過ごし**です。

OK マインド

「相手の時間」は無駄

　時間には「自分の時間」と「相手の時間」があります。付き合いは「相手の時間」です。**「相手の時間」を優先していては、「自分の時間」がどんどん少なくなります。**

　噂話や愚痴などの「相手の時間」は結局は無駄な時間です。自分が楽しめない、自分の役に立たない時間は少なくしていきましょう。

NG マインド

好かれようとし過ぎる

先に帰るのは申し訳ないなぁ

　人間関係を気にするのは、組織の中では大事なことです。しかし、気にし過ぎるのも考えものです。本来は自分の仕事ではないのに、人間関係が悪くなると思い込んで、自分の時間を使ってしまうからです。

　多くの場合、**相手に悪いなと自分で勝手に思い込んでいる**のです。その結果、自分の仕事が後回しになってしまいます。

OK マインド

嫌われてもいい

　積極的に嫌われるようなことをする必要はありません。また、相手が本当に困っている場合は手助けするのは当然です。しかし、そうでない場合には、**「嫌われてもいい」というくらいの気持ちで割り切る**方が、自分の時間を大切にすることができます。

　それに、実際にそれで嫌われることは、まずありません。

不得意な仕事も自分で

　「苦手なことでも頑張って取り組むことが大事」。教員は真面目ですから、そう考えてしまうことが多いでしょう。しかし、それは時間のムダにつながる場合があります。

　苦手なことをすると、より多くの時間がかかってしまい、効率的ではありません。それを自覚しましょう。

OK マインド

得意・不得意を共有

　自分が苦手な仕事、不得意な仕事でも、逆にその仕事を得意とする人が不思議といるものです。その人は、あなたが得意とすることが苦手かもしれません。同僚でも、友達同士でも、データ入力が好き、整頓が好き、イラストが得意など、**自分の苦手な分野と得意な分野を共有**できると、仕事はかなり効率化できます。

「できない子」が気になる

う～ん、あの子を…
何とかしたいな

　できない子をできるようにさせるのが教員の仕事です。ですから、できない子を気にかけるのは大事なことです。

　しかし、いつもいつもそのことばかりを気にしていると、他のことをする時間がなくなります。また、**なんとかしたいという思いが強すぎて、できない子にとって負担になる**こともあります。

OK マインド

「できない子」がいていい

　誰にでも得意不得意があります。不得意なことが多くても幸せに過ごしている人もいます。できないからといってその子の価値が下がるということはありません。学力は子供の属性の一つです。**属性の部分だけではなく、その子の存在そのものを教員が大事にしてあげればいいのです。**「できない子がいていい」というゆとりのある考えも、指導の上では大事です。

NG マインド

「子供のために」が口癖

　教員は「子供のために」という言葉に弱い存在です。「子供のために」と言われると、つい頑張ってしまいます。また、**自分でも「子供のために」頑張る教員を演じてしまいがち**です。

　「子供のために」働くのは悪くはありませんが、そのために効率を度外視して無理な仕事をしてしまうこともあるので、要注意です。

OK マインド

本当に「子供のため」？

　「子供のため」と言いながら、それが実は「自分のため」にしているという場合があります。

　子供の喜ぶ顔が見たいからと教材研究に力を入れるはずが、実は自分が子供を喜ばしている立派な教員だと認められたいためだったりします。

　「子供のため」か「自分のため」か見極めましょう。

オリジナルにこだわる

　「人の真似をしないで自分で考えるといいよ」と子供たちに言う機会が多いからか、教員は自分でも、学習プリントや授業計画などにオリジナリティを求めがちです。しかし、**オリジナルだからいいのではなく、効果があるからいいのです**。ただ単にオリジナリティを求めて、無駄な時間や労力を使うのは効率的ではありません。

OK マインド

人の真似でいい

オリジナルでなくてもいいのです。全部、誰かの真似でも全く問題ありません。**大切なのは、その実践が子供たちに合っているか、子供たちの学力を高めるかということです。**

どんどん人の真似をしましょう。人真似の実践で、子供たちにどんどん力をつけていきましょう。

NG マインド

毎日がなんとなく不安

子供の問題行動や保護者からのクレーム、やってもやっても終わらない仕事など、マイナス要因が重なると、毎日がなんとなく不安に感じられたり、重苦しい気持ちになったりすることがあります。

そうなると、何をしても気分が晴れず、業務にも支障を来すようになります。その結果、さらに憂鬱になるという、**悪循環に陥ってしまいます。**

OK マインド

やめてもなんとかなる

だめならやめてもいいや

　どうしても毎日がつらいならば、仕事を休んだりやめたりすることも選択肢の一つです。学年主任や教務主任など、相談しやすい先生に相談しましょう。やめるほどつらいとすれば、仕事が合わないことも考えられます。逆に「やめてもいい」とふっきることで、仕事がまわり出すこともあります。仕事はあくまでも人生の一部です。大事なのは仕事ではなく、人生です。

1

他に迷惑をかける

今、仮に ABCDE という五つの仕事をしなければならないとしましょう。この中からＣの仕事を省いたり簡略にしたりしたとします。これで仕事が引き算されました。

これで終われば問題はありません。仕事が一つ減ったことになります。

ところが、それだけで済まない場合があります。**省いたＣの仕事を、誰かがやらなければならなくなったり、Ｃの仕事が省かれたために、誰かに別のＦ、Ｇ……といった仕事が生じたりする場合**です。

例えば、実施計画はレイアウトや細部にこだわり過ぎず、60 点主義でいいのですが、表形式にすれば見やすくて間違いも少なくなるのに、面倒がってその仕事を省略したとします。その結果分かりにくくなり、担当者が確認をとらなければならなくなったり、間違った方法で実施してしまったりすることになったとしましょう。

これは**他に迷惑をかけている**ことになります。

このように、ある仕事を省いたり簡略化したりしたことで、他の人の仕事が増えてしまうような引き算仕事は避けるようにしなければなりません。

仕事を引き算するのはいいことですが、引き算をしたことによって、他の人の仕事が増えるようでは、「自分勝手」「利己的」と言われかねません。そうならないように、一歩先を見ながら引き算をするとよいでしょう。

CHAPTER

2

☑ 残業時間0を目指せ!

校務効率化
ルーティン

脱・完璧主義
60点でも学校は回る

　学校行事の実施計画を作成する際など、過去の文書を生かして作成すると思いますが、「文字が微妙にずれている」「罫線の幅がなんとなくそろっていない」などにこだわってしまい、その修正に時間をかけてしまうことがあります。肝心の計画の中身ではなく、重要でない部分にこだわってしまうのです。

ここを引き算！

小さなこだわりは捨てる

☑ 時間を限って手を入れる

　文書の出来は 60 点程度でいいのですが、それでは納得できない人がいます。それは自分です。より良いものを目指してしまうのです。

　ずれていると誤解される恐れのある図表や、そろっていた方が格段に分かりやすい部分など、大事なところに時間をかけるのは意義のあることです。しかし大して重要ではないところに時間をかけるのは無駄です。

　時間をかけるのをやめるために、20 分なら 20 分と、**時間を限定して修正する**ようにします。時間を限定して取り組み、時間がたったらそこで終わるようにします。

☑ 結局自己満足でしかないと知る

　他の人のつくった文書で、一部の文字が半角ずれていたとします。それを見てどう思いますか。

　「これは大変な失敗だ。気付かなかったのは致命的なミスだ」などとは絶対に思いませんよね。「ああ、半角ずれてるな」と思う程度でしょう。もしかしたら気付きもしないかもしれません。

　つまるところ、小さい部分はその程度のことでしかありません。それを**完璧にしようとするのは、結局自己満足**でしかありません。そのことに早く気付いてしまいましょう。

CHECK

何か言われたら謝る　重箱の隅をつつくような指摘をする人は、相手のミスや不備不足に寛容になれない小さい人だと思って、素直に謝っておきましょう。それで十分です。

ゴミでも使える
たまには本当にゴミ箱を見よう

印刷をしようと印刷室に行き、備え付けのゴミ箱をふと覗くことがありました。捨てられたプリントの中に、自分の学級でも使えそうなものがあります。拾って使おうかなとも思ったのですが、ゴミを拾うのには抵抗があり、また手抜きのような気もして、結局自分で一からつくることとにしました。

─── ここを引き算！ ───

ゴミを拾うことへの羞恥心を捨てる

あっ！
お宝が!!

さんすう

☑ コソコソするとかえって怪しい

ゴミ箱からゴミを拾うのは、いささか抵抗を感じるでしょう。捨てられたものとはいっても、もともとは他人のものです。他人のものを拾うのですから、これにも抵抗を感じるかもしれませんし、そもそも子供に申し訳なく感じる人もいるでしょう。

しかしここは、**宝物を見つけてうれしい**、というくらいの気持ちをもって、堂々と拾うことがポイントです。たとえそれがゴミ箱の中にあろうと、いいものはいいものです。それを流用できるなら、あなたの仕事も減るというもの。積極的に「ゴミ箱の宝探し」をしてみましょう。

☑ もしもできたら一言断ろう

ゴミを拾ったのですから、お礼を言う必要はありません。また、わざわざゴミ箱から拾ったことを言うのも恥ずかしいものです。

しかし、言われた立場に立つとどうでしょうか。

「この人は、ゴミ箱から拾ってまでも、自分のつくったプリントを使ってくれようとしている、うれしい」と思うのではないでしょうか。

また、無断で使っていると、自分のプリントを勝手に使っていると、不愉快になる人もいるかもしれません。

そのまま使うなら**一言断った方がいい**でしょう。

CHECK

そのまま使うときには注意

もともとゴミですし、拾ったからといって誰かに角が立つということは少ないのですが、そのまま使う場合は、教室内での使用に留めましょう。

報告は口頭よりも文書で
同じことを言う手間が省ける

　学級の子供がちょっとした事故に遭いました。まず、児童指導主任の先生に概要を報告しました。児童指導主任の先生が、一緒に教頭先生に報告に行こうというので、教頭先生にも報告しました。一応、校長先生のお耳にもというので、また校長先生に報告しました。その後、教頭先生に詳しい内容を書いてほしいと言われました。

ここを引き算！

報告内容は面倒でも文書にしておこう

☑ 報告書のフォーマットを知ろう

　何度も説明する手間を省くためにも、報告内容をきちんと把握するためにも、簡単でもいいので**報告書を書いてから報告する**といいでしょう。報告書のフォーマットを知っていると、報告書を書くことへの抵抗が減り、短時間でまとめることができます。一般的には、下のような項目について書いておくとよいでしょう。

「○○○○事故報告書」
① 報告日
② 報告者所属／氏名
③ 発生日
④ 発生時刻・時間
⑤ 発生場所
⑥ 当事者
⑦ 発生原因
⑧ 発生状況
⑨ 被害状況
⑩ 備考

➡

事故報告書
（○年○組　Aさん　頚椎捻挫の件）

報告日　令和○年○月○日
報告者　○年○組担任　○○○○

発生日	令和○年○月○日（○曜日）
発生時刻	放課後、下校時
発生場所	校庭の北門前数mのところ
当事者	○年○組　Aさん
発生原因	ランドセルを背負ったまま仰向けに転び、後頭部を地面に打ち付けた。
発生状況	Aさんが下校しようと校庭を北門に向かって歩いていたところ、ランドセルのキーホルダーが外れていると思い無理に振り返った。その際、Aさんはバランスを崩し仰向けに地面に倒れ後頭部を地面に強く打った。
被害状況	Aさんが起き上がれずに泣き出したため、近くを歩いていた子が養護教諭を呼んだ。養護教諭がかけつけた時には、Aさんはランドセルを置いて座っており、首の痛みを訴えていた。
処置	車イスでAさんを保健室に運び、患部を氷で冷やした。また家庭に連絡し、母親に来校をお願いした。
備考	その後、母親がAさんを市民病院に連れていき、受診の結果、頚椎の捻挫との診断を受けた。全治3週間。

CHECK

嫌な顔はしない

仮に口頭で報告することになったとしても、何度も同じことを報告するのが面倒だからといって、それを顔に出してはいけません。淡々と同じことを繰り返しましょう。淡々とです。

CHAPTER

2 / 4

会議の時間も活用
聞きながらできることをする

　昔は、会議中でも、年配の先生方はテストの採点などの「内職」を普通にやっていました。誰かが説明しているBGMとして、採点ペンでぐるっと丸を描く音が聞こえていたものです。若い先生はなかなかそれができず、分かりきった提案も真面目に聞き、会議の後、遅くまで仕事をしていました。

── ここを引き算！ ──

例年通りの提案は聞かない

これは月末までに提出してください

今、やっちゃお〜

☑ こんなことをしてはいかが？

テストの採点をすることはできませんが、後でやらなければならない**ちょっとしたことはやってしまいましょう。**

1　資料の分別

　　職員会議の資料は、会議後に分別して綴じ込むことが多いでしょう。その作業は会議に参加しながらやってしまいます。

2　アンケートへの回答

　　ちょっとしたアンケートの回答などは、その場で済ませてしまいましょう。忘れることも防げます。

☑ こんなこともしてはいかが？

3　提出物への記入

　　何か記入して提出する文書が提案されていたら、記入事項をその場でメモしてしまいましょう。意外にはかどります。

4　付箋紙やスケジュール帳への転記

　　忘れないために、付箋紙などに転記しておく先生も多いと思います。思い付いたときにその場で転記するのが確実です。

5　文書撮影

　　画像で残すために撮影してしまいましょう。ただし、無音で。

CHECK

小さな動作で行う

あからさまにやると、さすがに顰蹙を買うことがあります。なるべく小さな動作で、要点をメモしているような素振りでやることがコツです。

はっきりNOと言う
NOが言えないと結局後悔する

　先輩から飲み会に誘われました。あまり気が進みませんでしたが、断ると、付き合いが悪いと嫌われそうで、断ることができませんでした。気乗りのしないまま参加し、結局、お金を払って居心地の悪い思いをしただけで帰ってきました。断っていればお金も時間も有効に使えたのに。

ここを引き算！
角の立たない断り方を
身につけておこう

今日、空いてる？

すみません①。今日は家族と予定があって②。誘ってくださってありがとうございます③。

① NO
② 理由
③ おれ

☑ 嫌なことは断ってもいい

　断ることに罪悪感をもっていては、断ることが難しくなってしまいます。まず、罪悪感をもたないための考え方を身につけましょう。

　人は基本的に自由で、自分の人生を自分の好きなように生きるものです。他人の人生を生きるのではありません。**自分の時間を他人に使われる必要はありません。**

　断らずにいやいや付き合ったり、いやいや仕事をしたりすると、結局後悔することになります。それが相手への愚痴となり、関係が悪くなることもあります。

☑ 断り方は、NO ＋理由＋お礼

　断り方の基本は、NO ＋理由＋お礼です。

　まず最初にはっきりと断ってしまいます。最初に断ってしまうのが大事です。その際に、単に「無理です」「行けません」「お断りします」などと言わずに「すみませんが」「申し訳ありませんが」「残念ですが」などという言葉を添えましょう。

　次に理由を述べます。理由はなんでもいいのですが、**「予定・仕事・健康・家族」を理由にすれば無難**です。

　また、誘っていただいた場合は、最後にお礼を言い添えましょう。

CHECK

３回に１回は授業料だと思ってYES

毎度断っていると、誘われなくなり、人間関係も悪くなるかもしれません。それが嫌なら、３回に１回は人生の授業料だと思って、YES と言うことにしましょう。

お助け貯蓄をしよう

得意なことでどんどん助けよう

　イラストの得意な先生がいました。学年便りに載せる担任の先生の似顔絵とか、子供たちのカットとか、道徳の授業で使う挿絵とか、頼まれればいつも快く描いてあげていました。実は私も描いてもらいたいイラストがあったのですが、なかなか頼めませんでした。これまでその人を手伝ってあげたことがなかったので、頼みにくかったのです。

ここを引き算！

自分の得意なことは
進んでやってあげよう

☑ まず声をかけてみましょう

　私には得意なことがない。先生方の助けになるようなことは何一つできない。そう考えている人も多いでしょう。しかし、それは、得意なこととは特別な技術が必要なことだと考えているからです。

　特別な技術はなくてもいいのです。**手を貸そうという気持ちがあれば、それを相手に伝えればいいのです。これが、「お助け貯蓄」になります。**

　例えば、ゴム印を押したり、配付物の数を数えたり、教材を教室まで運んだりすることでいいと思います。自分が終わったら一声かけるということを、普段から続けてみましょう。

☑ 無理な仕事は断る勇気も必要

　一芸に秀でていることが分かると、いろいろな場面でいろいろな先生から仕事を頼まれるようになります。しかし、1人ができる仕事の量には当然限りがあります。

　やみくもに仕事を引き受けてしまい、自分の仕事がままならなくなってしまっては本末転倒です。仕事を交換し合うなど、うまく仕事が回っているうちはいいのですが、仕事に支障を来すようになってきたら、**勇気をもって断ることも大切**です。

　無理して引き受けると、結局相手にも迷惑をかけてしまいます。

CHECK

**自分の仕事は
きちんとやり遂げる**

自分の仕事をせずに他の人の仕事ばかりしていると、調子のいい人と思われないとも限りません。自分の仕事はきちんとこなした上で、できる範囲のお助け貯蓄をしましょう。

昨年通りでOK

教育は新しさよりも安定が大事

　職員会議で提案する「読書週間」の計画を回議したときのことです。教務主任の先生に呼ばれてこんなことを言われました。「新しいことをするのは良いことだが、どこが変わったのかが先生方に分かるとなお良い」。新しくすることばかり考えていて、「例年通り」にも、安定して実施できるという良さがあることに気が付かなかったのです。

ここを引き算！

同じことの繰り返しを
ためらわない

☑ 子供たちにとっては常に新しい

　計画を立てるときに、昨年度と全く同じではまずいのではないかと思うときがあります。仕事をしていないような気分になったり、手を抜いていると思われないかと心配になったりするのです。

　でも心配には及びません。子供たちは年々変わっているのです。内容は同じでも、子供たちは1学年ずつ上がっていますから、常に新しい体験をすることになります。

　計画を新しくすることが悪いことではありませんが、無理に新しくする必要はありません。**滞りなく実施できることが一番大事**です。

☑ 昨年通りの方がいいことがある

　昨年通り、例年通りの方がいいことがあります。

　まず、なんといっても企画を考えたり、要項を新たに作成したりする時間と手間が節約されます。

　さらに、何度か実施した経験がありますから、失敗することも少なくなるでしょう。

　また、勝手が分かっている職員も多いでしょうから、職員の手間も省けます。

　例年通り行うことが、あらゆる時短につながります。

CHECK

**問題点があれば
速やかに変更**

不都合な点があるのに、例年通り実施していては顰蹙を買ってしまいます。問題点があるならば、その点に関しては速やかに改善することが必要です。

CHAPTER

2／8

仕事は細分化する
「細分化仕事リスト」をつくる

　研究授業のために、学習指導案を作成することがあります。指導案の作成は時間のかかる大変な作業です。なかなか終わりません。毎日遅くまで作成しても仕上がらず、終わらない感だけが残ってしまい、精神的にも疲れてしまいます。指導案の作成がますます重荷になってきます。

── ここを引き算！ ──

仕事は細分化して達成感を味わおう

☑ 細分化仕事リストとは

　細分化仕事リストとはそもそも何かというと、ある仕事の内容を、なるべく小さい単位で書き出したものです。

　例えば、国語の学習指導案を作成するとしましょう。普通は、仕事リストに「国語の学習指導案」と書かれるところです。しかしこれでは仕事の単位が大きすぎて、なかなか終わりません。終わらないということは達成感も味わえません。

　そこで指導案づくりを、**いくつかの工程に分けて、その一つひとつを達成していくようにする**わけです。

☑ 細分化仕事リストの具体例

　具体的な例を見てみましょう。

○国語科学習指導案
1　単元の構想を練る
2　研究授業の流れのプランを練る
3　展開部分の下書き
4　展開部分の清書
5　単元設定の理由、児童の実態を清書

このように細分化し、毎日一つずつ達成していきます。

CHECK

少し早めに取り組む

「まだできないの？」などとせっつかれるかもしれませんので、少し早めに取りかかり、ゆとりをもって完成できるようにします。展開部分を先につくっておくことがポイントです。

CHAPTER
2/9

締切効果と作業興奮
時間を決めて一気に仕事をする

　研究授業を控えていて、指導案検討会の前に指導案をつくらなければ
ならないのに、なかなかやる気になれません。頭の中でプランを立てて、
今日は教材観まで、明日は授業計画までなどと考えるのですが、プラン
が少しも進みません。結局時間ばかりが過ぎていき、何もでき上がりま
せんでした。

ここを引き算！

退勤時刻を決めて仕事をしよう

☑ 締切があると頑張れる

　人は一般的に、残り時間が少なくなってくるほど、その作業に対する集中力が高まってきます。これをうまく利用するのが**締切効果**です。

　自分で「放課後の業務は90分だけ」「18時には退勤する」と決めておくと、その時刻が締切となって、仕事に集中することができます。面倒な仕事でなかなか取りかかる気にならない場合も、締切があると（強制されて）やる気が出ます。

　ただし、分刻み、秒刻みで急かすような締切にすると、かえってプレッシャーとなって効率が落ちることもありますので要注意です。

☑ 面倒な仕事は10秒だけやってみる

　面倒でやる気にならない仕事でも、ちょっと始めてみると意外に長続きするものです。これが**作業興奮**です。やる気を出すには、面倒なことでもとりあえず始めて見ることが肝心です。

　しかし、そうは言ってもなかなか始められないのも事実ですね。そんなときはこう考えてみてはいかがでしょうか。「とりあえず、10秒だけ仕事をしてみよう。それで面倒だったらやめていい」と。

　10秒ならば、やってもいいと思うのではないでしょうか。それでうまくいけばもうけものですからね。

CHECK

人の仕事を先にする

マイペースな人だと思われるのが嫌なら、自分の仕事は後回しにして、頼まれた仕事や提出すべき仕事を先にしておきましょう。迷惑をかけないことが肝心です。そして、雑談にもちょっとは付き合いましょう。

CHAPTER

2/10

愚痴はスルー

愚痴や噂話には深く関わらない

テストの採点と評価をしようと、放課後、教室に向かっていたときのことです。廊下で3人の先生が集まって、おしゃべりをしていました。私が近づいていくと「先生、ちょっと」と呼び止められました。通り過ぎる訳にもいかず、話に加わったのですが、それから30分も愚痴を聞かされてしまいました。

ここを引き算！

愚痴や噂話が始まったら その場を離れよう

☑ 時間の無駄なのでほどほどに

　愚痴や噂話をする人は、自分のストレスを発散したり、話を聞いてもらえたりして、なんらかの恩恵にあずかるかもしれませんが、興味も関心もないのに、それに付き合わされる側には何の意味もありません。はっきり言えば、単なる時間の浪費です。

　愚痴や噂話をしている場面に遭遇したり、話の流れでそのような雰囲気になってきたと感じたりしたときには、**なるべく早くその場から離れる**ようにするとよいと思います。日頃からそう決めておけば、ずるずると話に付き合うことにならなくて済みます。

☑ 少し聞いて、こう言って離れる

　愚痴や噂話が始まった途端に離れていくのも、相手に悪い印象を与えてしまいますね。ですから、少しはお付き合いをしましょう。

　5分〜10分くらいで話が終わればそれでOKですが、もっと続きそうならば、その場を離れることを考えましょう。

　離れるきっかけは次のようになんでもいいでしょう。
「ちょっと○○先生に聞きたいことがあるから、先に行きますね」
「今日提出する○○、まだ書いてないので、すみませんが行きます」
「子供の家に電話する用事があるので、電話してきます」

CHECK

付き合いも大事だと割り切る

1回実行してみると、それほど難しいことではありません。しかし同じ人の前で何度もやるのは気が引けるという人もいるでしょう。その場合は割り切って付き合うことがあってもよいと思います。

2

楽をするためだけ

　ある仕事をやめたり、効率化して簡単な作業にしたりして、仕事を引き算することは、仕事そのものを楽にします。

　楽になることは悪いことではありません。

　もしもそれまでの仕事が重すぎて、心身に大きな負担があるとすれば、積極的に引き算に努めて、早く楽になることが必要です。

　もっともこの場合は、楽になったというよりも、**あるべき状態にもどった**というべきでしょう。

　ところが、それまでの仕事がそれほどでもない場合は、引き算によって仕事が楽になると、その分の時間が生じたり、ゆとりが生まれたりします。

　問題はその時間やゆとりをどう使うかです。

　単に楽をするために使っていたのでは、文字通りの手抜きと見られてしまうかもしれません。また、せっかく生じた時間をダラダラと過ごしていたのではもったいないでしょう。

　この時間やゆとりを、他の仕事に振り分けたり、意図的な休憩時間に用いたりして、有効に活用したいものです。

CHAPTER

3

☑ 効率仕事のキーポイント！

人間関係
すっきりテクニック

自分を悪く思わない

「文句」を言うのは相手の都合

　運動会のテントを事前に張っておく係になっていたのですが、うっかり忘れていました。他の人は「じゃあ、後で張ってね」と言っていたのですが、1人の年配の先生に文句を言われました。でも、その先生も、以前、提出文書が遅れたときには「いいよ、いいよ」と笑顔だったのです。文句を言うのも気分次第なのでしょうか。

ここを引き算！

相手の機嫌に一喜一憂し過ぎない

☑ 不機嫌は時間がたてば消える

　文句を言いたくなるときは、決まって機嫌のよくないときです。機嫌のいいときは、多少嫌なことでも笑って済ませることができます。

　また、周りを見てみれば、ずっと不機嫌でいる人はいないということが分かります。24時間、365日不機嫌でいることは無理です。それどころか、1時間もたてば機嫌は直ることが多いのです。

　つまり、文句を言われるか言われないかは、相手の機嫌次第ということです。機嫌によっては、ささいなことでも文句を言われます。

　自分とは無関係だと考えた方がいいのです。

☑ 自分の機嫌をよくしよう

　逆に考えてみると、自分の機嫌が悪いと、相手に対して文句の一つも言ってやりたくなります。そうならないためには、**自分の機嫌をよくすることが大事**になってきます。

　どうすれば自分の機嫌をよくしておけるのでしょうか。

　何があっても「ありがとう」を言い、「自分はついてる」と言い聞かせるのも一つのやり方です。自分の好きな音楽を聞いたり、好きな絵や写真を眺めたり、過去の成功体験を思い出したり、誰かとおしゃべりしたりするのも良い方法です。

CHECK

反省することは大事

反省とはやり方や考え方を改めることで、自分自身を否定することではありません。ただし、自分に落ち度があることは確かですから、それを真面目に「反省」し、改善の方法を相手に確認するなどが大事です。

CHAPTER 3／2

相手を悪く思わない

悪く思うといいことがない

　お互いに仕事を分担してやってくることを約束したのに、相手がうっかり忘れてきて、計画を変更しなければならなくなりました。うっかり忘れることは誰にでもあることですが、どうしても相手のことを許すことができません。ずっとモヤモヤとしていて、肝心の仕事にも集中できなくなってしまいました。

― ここを引き算！ ―

相手の欠点やミスは水に流す

☑ 相手を責めても何も変わらない

よく、自分は変えられるが他人は変えられないと言います。相手のことを悪く言ったところで何も変わりません。**相手に責任があって、相手がなんとかするべきだと思っている限り、自分にできることは何もありません。**結局、自分が損をします。

また、いつまでも相手のことを気に病んでいては、集中して仕事に取り組むこともできません。その結果、自分の他の仕事に影響も出るでしょう。相手のミスや欠点は忘れ、自分の仕事に集中する方が、自分にとって有益だと気付きましょう。

☑ 相手を許すことは自分を許すこと

自分がミスをしたとき、どう思いますか。「人間だもの、ミスもする。仕方がない。自分はよくやった」とねぎらうことができますか。

ミスをした自分をねぎらうこと、許すことができる人は、相手のミスや欠点を許すこともできます。逆に言えば、**相手のミスや欠点を許すことができる人は、自分のミスや欠点を許すこともできます。**自分を許すことができれば、自己肯定感が高まるのは必至です。自己肯定感が高まれば、自信をもって決断したり行動したりすることができるようになります。相手を許すことが自己肯定感を高めることにつながります。

CHECK

上から目線はNG

相手のミスを水に流すとはいえ、上から目線で「水に流してやろう」というような言動をとっていては、相手に不快な思いを与えてしまいます。どこまでも謙虚な態度を忘れずに。

基本の返事と挨拶
さらに一言付け加えるとなお良い

　返事や挨拶が大事だと言われますので、それなりに返事や挨拶をしているつもりでいました。しかし、いつの頃からか「もっと大きな声で挨拶をした方がいいよ」と注意されるようになり、だんだんと「あいつは暗い」などとささやかれるようになりました。それで、なおさら挨拶をするのが億劫になってしまいました。

ここを引き算！

割り切って余計なことは考えない

☑ 覚悟を決めて挨拶をしよう

いつの時代もどこの場所でも、返事と挨拶がよくできる人は、必ず周りの人から好意的に受け取られるものです。これは、時代が変わっても、変わりません。挨拶はコミュニケーションの第一歩だからです。

明るく元気な返事や挨拶をするには、まずそういう**返事や挨拶をしようとする「覚悟」が必要**です。覚悟をもって挨拶をしているうちに、それが習慣になってくるのです。

挨拶をしてから、相手の人に向かって何か一言付け加えると、さらに感じがよくなります。

☑ 表情と距離感を使って

とはいえ、「覚悟」をもって返事や挨拶をしようとすることが必要だと分かっていても、なかなかできない人もいるでしょう。中には、もともと声が小さくて、大きな声で挨拶をすることができないという人もいると思います。

そのような人は、**表情と距離感をうまく使いましょう**。挨拶の声が小さくても、明るく笑顔で挨拶をすれば好印象を与えます。また、いつもよりも2、3歩相手に近づいて挨拶をすることで、相手にもよく聞こえ、丁寧に挨拶をしているという印象も与えることができます。

CHECK

しない人を
非難しない

いい返事をしたりいい挨拶をしたりするのは、自分がやりたいからやるのです。あの人はやらないとか、あの人の挨拶はだめだとかと言ったら、その瞬間に価値が下がります。

CHAPTER

3
――
4

板挟みになったら
八方美人にはならない

　ある日、Ａ先生から「Ｂ先生の授業を時々見るのだけれど、板書をほとんどしない。先生からそれとなく言ってあげて」と言われました。Ｂ先生の授業を見ると、確かに板書が少ないです。それを言うと「板書は要点だけを努めて書くようにしている」とＢ先生。さて、どう話したらいいものか悩みました。

ここを引き算！
距離を置いて、どちらにも肩入れしない

私はこう思いますよ〜

もっと板書をしなさい

同じ距離で

ぼくにはぼくのやり方が……！

☑ 単なる愚痴なら話だけ聞く

　Ａさんからはａさんに対する愚痴を聞かされ、反対にＢさんからはＡさんに対する愚痴を聞かされることがあります。文句があるんだったらお互いに直接言えばいいのに、と思うのですが、それができないから愚痴を言うのです。

　なぜできないかと言えば、嫌われたくないからでしょう。また、愚痴を言う程度でなんとかなるからでもあります。

　こういう場合は、**ただ話を聞くだけにします。**うかつに同意したり同情したりせず、淡々と聞きましょう。

☑ 自分の意見をもって述べる

　単なる愚痴を聞くだけなら、時間はとられますが、それほど悩む必要はありません。これに対して、先に前ページで述べたエピソードのような場合はそうはいきません。

　この場合に最悪なのは、Ａ先生と話しているときにはＡ先生の考え方に賛同しながら、Ｂ先生と話すときにはＢ先生の考えに相槌をうってしまうことです。**八方美人になると両方からの信頼を失います。**

　この場合は自分の考えをきちんと述べることが大事です。両者に自分の考えを伝えて、判断は両者に委ねるのがよいでしょう。

CHECK

誠実に応対する

嫌われたくないという考えが先行してしまうと、安易に相手に同調してしまいます。そのためにかえって自分の立場を悪くするかもしれません。誠実に自分の思いを伝えるのが結局は一番いいのです。

CHAPTER

3 / 5

保護者対応を
気にし過ぎない
誠実に対応＆自分をねぎらう

　保護者から「我が子が意地悪をされていると知らせたのに、先生の対応が甘かったので、その後も意地悪が続いている」と苦情がありました。自分ではできる限りの対応をしたつもりで、子供の様子を見ていても、意地悪をされているようには見えませんでしたので、そう伝えたのですが、その後も何度も連絡があり、とても疲れました。

━━ ここを引き算！ ━━

よくあることで普通のことと考える

☑ 苦情があるのは当然と考える

　価値観が多様化している現代です。その中で育ってきた人たちが今、保護者になっているのです。保護者の考え方もいろいろです。

　そう考えると、要望や苦情があるのは、ある意味当然です。それぞれの考え方に違いがあるのですから。

　要望や苦情があるのは当然と考え、気にし過ぎないで対応しましょう。**苦情を認めることができないと、いつまでも気になってつらい思いをします**。どんなに頑張っても苦情はあると、考え方を変えましょう。

　例え神様でも嫌う人は嫌うものです。気にし過ぎないことが大事です。

☑ 自分の評価を下げず、ねぎらう

　保護者から苦情があると、自分のやってきたことや自分自身に対して評価を下げてしまいがちです。「自分のやってきたことは間違っていた」「自分はだめだ」と思ってしまうのです。

　そう思うことで何かがよくなることは一つもありません。

　まず、**自分が行ったことと自分自身とは別だと考えましょう**。さらに、自分が行ったことが間違っていたのではなく、たまたまうまくいかなかった、たまたま価値観が合わなかったと考えましょう。

　自分自身の評価を下げず、頑張った自分をねぎらいましょう。

CHECK

保護者の批判は口に出さない

気にし過ぎてしまったり、自分自身の評価を下げてしまったりすると、つい保護者を批判したくなるものです。保護者批判はタブーです。愚痴も言わない方がいいです。自分をねぎらえば保護者もねぎらえます。

話し方の基本は誠実
くだけた話し方はNG

　周りの人に親しみやすい人間だと思ってもらおうと、なるべく堅苦しくない言葉遣いや態度を心がけてきました。保護者や同僚には概ね好評で、ときどき羽目をはずして上司に叱られることもありましたが、それぐらいです。ところが、あるとき、いつものように保護者の方にくだけた調子で話したら、「失礼だ」と激しく叱責されてしまいました。

ここを引き算！

親しみやすさをはきちがえない

☑ 1 に誠実、2 に親しみ

親しみやすいことは、人間関係において大きな力になります。保護者との関係においても例外ではありません。普段から親しみのある先生には、保護者も何かと相談しやすく、問題が大きくならないうちに解決に向かうこともあるでしょう。

しかし、だからといって**段階も踏まずに親しい言葉遣いをするのは危険**です。保護者によっては、そういう言葉遣いを快く思わない人もいるからです。まずは誠実に話すことが最も安全です。言葉遣いは常に丁寧語で「です」「ます」調で話すようにしましょう。

☑ ゆっくりはっきり話す

保護者と話をするときには、努めてゆっくりはっきり話すことを心がけましょう。とくに**若い先生は、普段から話すスピードが速いので、保護者と話すときには心がけておく**とよいと思います。

早口で話しても聞き取れる保護者が大部分だと思いますが、中には早く話されると聞き取りにくい人もいます。こちらから伝えたいことが十分に伝わらない可能性もあります。

ゆっくりはっきり話すことで、伝えたいこともよく伝わり、丁寧に話しているという印象ももってもらえます。

CHECK

はっきりゆっくりにも限度あり

過ぎたるは及ばざるがごとし、と言います。はっきりゆっくり話すことは大切ですが、度を超えてはっきりゆっくり話すのは、相手をバカにしていると思われてしまいますので要注意です。

CHAPTER

3

7

担任を理解してもらう
保護者会で担任の考えを伝える

　最初の保護者会では担任の自己紹介をします。しかし、保護者は子供や学級の様子を知りたいと思って保護者会に来ているのだから、担任の自己紹介は簡単でいいと思い、名前と経験年数、専門教科くらいで済ませました。そうしたところ、「先生のことが少しも分からなくて困った」と、後で何人かの保護者から言われてしまいました。

ここを引き算！

話題を子供のことだけにしない

☑ 共通点があると親近感がわく

初対面の人でも、卒業した大学が同じだったり、出身地が同じだったり、ひいきの球団や選手が同じだったり、趣味が同じだったりすると、それだけで親近感がわいてくるものです。

保護者と担任との関係も同じで、何か共通点があると、親近感がわいてきます。担任の先生についての情報が多ければ多いほど、保護者との共通項が見つけやすくなるでしょう。

共通項がいくつかあれば、共通の話題も見つけやすくなりますので、親しみも深まります。

☑ 理解不足から誤解される

反対に、**相手の考えがよく分かっていないことから、大きな問題に発展する**こともあります。

例えば、担任の先生が、子供のうちは、大けがをしない程度のけんかはむしろ経験した方がよいと考えていた場合、けんかをした子への注意がゆるやかになります。被害者意識の強い子や保護者の場合、このことに強い不満を感じてしまうことがあります。

はじめに、担任の考えを伝えて保護者に納得してもらっていると、このようなことが避けられるでしょう。

CHECK

自慢話に
ならないように

自分のことを理解してもらうためには、自分自身のことについて話さなければなりません。このとき、自慢話にならないように気を付けましょう。自慢話を聞かされてもおもしろくありませんから。

これは言わない！
保護者と話すときの禁句

　保護者から子供への対応について苦情があり、話をすることになりました。保護者からの質問に応じて、どうしてそのような対応をしたのかを説明しました。しかし保護者はなかなか納得してくれません。それどころか「言い訳ばかりしている」と言われてしまい、問題がさらにこじれてしまいました。

ここを引き算！
禁句を頭に入れて
保護者と話をしよう

話の内容に気を付けて

はい、リスト化しています

オレの注意
リスト

☑ 失言リスト

保護者と話をする場合だけの気遣いがあるわけではありません。これは誰と話す場合にも、当然必要な気遣いです。とくに、以下のような失言には気をつけましょう。

1 **子供を侮辱する**　例：〜くんは理解力がやや劣るようです。
子供の欠点や弱点を言って、恥をかかせたりしません。

2 **保護者の立場を考慮しない**　例：お子さんの話を毎日じっくり聞いていますか？
保護者にも様々な立場があり事情があります。それを考慮します。

3 **だめなところばかりを指摘する**　例：字が乱暴で、落書きも多いです。
だめなところばかりを指摘されると、誰でもおもしろくありません。

4 **失敗の言い訳をする**　例：私も忙しくて、つい見逃してしまったんです。
立派な言い訳をするより、非があれば潔く認めることです。

5 **決めつける**　例：お子さんは、家でも野菜を食べないでしょう？
はっきりした証拠もないのに決めつけられては不愉快でしょう。

6 **一方に肩入れする**　例：相手の○○くんは悪いことをする子じゃないんですよね。
子供同士のトラブルで、一方をひいきするような言動にならないように留意しましょう。

CHECK

折に触れて
リストを見返す

慣れてくると気が緩んで、ミスをしてしまいます。リストは頭の中に入っているから大丈夫と思っていたら、慣れてきている証拠です。何度も見返して、心を新たにしましょう。

ミスは潔く認める
遅刻やミスは誠実に対応し挽回する

　前夜の宴会で飲み過ぎ、翌日遅刻をしてきた職員がいました。校長先生、教頭先生は苦々しく思いながらも心配もしていました。居合わせた誰もが、一言謝るだろうと思っていたのですが、彼は何も言わずに、そのまま教室に行ってしまいました。その日の放課後、教頭先生から強く叱られていましたが、みんな「当然」と思っていました。

ここを引き算！

こだわらずに潔く認めた方が許される

☑ 明るく潔く謝ろう

ミスは誰にでもあるものです。してしまったことをいくら後悔しても元にはもどりません。それよりも、ミスをいかに挽回していくかを考えることが大切です。

その第一歩がミスをしたことを謝ることです。謝るときに、さも申し訳なさそうに沈痛な表情と声で謝る人もいますが、度が過ぎるとかえって相手の心証を害してしまうことがあります。

明るく潔く、しかし誠実に謝るのが一番です。謝り方次第で、かえって株が上がるということだってあるのです。

☑ 自分を否定しない

ミスをしたことで、「あ〜、自分はだめだ」「何をやってもうまくやれない」「こんなミスをするようではだめだ」などと思わないことが大事です。このように自分を否定したところで、どうにもなりません。

そうではなくて、こんなふうに考えましょう。「人間だもの、ミスをすることだってあるさ」「ミスからたくさんのことを学べてラッキーだ」「おれだから、この程度のミスで済んだのだ。おれって最高！」

自分で自分をねぎらいましょう。

反省とは自分を否定することではありません。

CHECK

いい気にならない

潔く謝り、自分で自分をねぎらうことは大事なことですが、だからと言ってミスをしてもいいのだという態度を見せては顰蹙ものです。あくまで謙虚に振る舞うことは言うまでもありません。

早く帰る口実はこれ

仕事がないなら早めに帰ろう

　夏休みのある日のことです。午後から職員研修が一つ入っていて、それも15時頃に終わりました。あとは退勤時刻までフリーです。諸帳簿の整理は終わり、これといって仕事はありません。しかし、何だか早退はしがたい雰囲気です。仕方なく、教科書会社のサイトを見たりぼんやりしたりして過ごしました。もったいないと思いました。

ここを引き算！

ちょっとした口実をつくって
早めに帰ろう

今日は用事があってこれで帰ります！

今日は早いね

☑ 早めに帰ってリフレッシュ

なぜか、長時間働いている人が仕事のできる人、頑張っている人というような見方があるような気がします。しかし、実際は逆ではないでしょうか。**短時間に同じ業務をこなせる人が仕事のできる人で、そのためには集中して取り組みますから、その分、頑張る人のはずです。**

まず、そうやって自分自身を納得させましょう。

早めに退勤することは悪いことではありません。公務に支障がなければ早退することも可です。早めに帰ってリフレッシュして、気持ちよく子供の前に立てばいいのです。

☑ 帰りにくい場合はこんな口実を

どうしても帰りがたいなら、**それなりの口実を考えておきましょう。**定番ですが、次のようなものがあります。

1　今日は夕方から歯医者の予約が入っているので帰ります。
2　何だか昼頃から熱っぽいので、早めに帰って休みます。
3　実は今朝から母親が体調不良で、心配なので帰ります。
4　市役所 (銀行) に寄る用事があるので、これで帰ります。
5　今日はガス (電気) の点検がある日なので、帰ります。
6　図書館で借りた本を返さないといけないので、帰ります。

CHECK

頻繁には使えない

口実を何度も何度も使うと、いかにも口実だなとばれてしまいます。毎日早めに帰るなら口実はいりません。働き方改革が叫ばれていますので、堂々と早めに帰りましょう。

3

他人を無理に誘い込む

　仕事の効率化は悪いことではありませんが、他人を無理に誘い込むのはやめましょう。

　自分1人だけ他の人と違うことをやっているのは、どこか不安を感じるかもしれません。すると「仲間がいれば安心」とばかりに、他の職員を誘って、同じ効率化に一緒に取り組んでほしくなります。

　誘うにしても、自分のしている効率的な仕事のやり方を紹介するだけならいいでしょう。**そのやり方の選択権は相手にあるから**です。

　しかし、どうしても一緒に取り組んでほしくて、やや強引に誘ってしまうと、相手が断れないかもしれません。その場合、相手は不承不承、その仕事のやり方をすることになります。

　仕事のやり方は万人に共通ではありません。相手にとって結果が良好ならばいいのですが、そうでない場合は相手に迷惑をかけると同時に、相手からの信頼も失ってしまうでしょう。

　引き算仕事術はあくまで自己責任で行うものです。自分がうまくいったことやこれからやろうとしているアイデアを紹介することはいいのですが、無理に誘うのはやめた方がいいでしょう。

　人には人の人生観があり仕事観があります。仕事のやり方も千差万別です。紹介はしても選択権を常に相手に委ねておくことが肝要です。

CHAPTER 4

☑ ゆったり子供を見守れる!

学級経営
らくらくルール

ビリは必ずいる
頑張っても全員1位にはなれない

　若い頃、素晴らしい先生の実践を知るたびに、自分もそういう学級をつくりたいなと思いました。その先生の実践を真似て、同じような結果を出そうと頑張りました。子供たちもよく努力しました。しかし、中には頑張ってもなかなか結果の出ない子もいました。子供たちにとってはつらかったかもしれません。

ここを引き算！

全員ができなくてもいいと考えよう

1位も立派
ビリも立派

1位だ！

ビリだ！

☑ 子供たちの負担になる

　どの子にも 100 点を取らせようと考えて、いろいろと勉強して実践してみるのは素晴らしいことです。それによって目標を達成したり、自分の可能性を発見したりする子もきっといるでしょう。

　しかし、その反面、頑張ってもなかなか成果が上がらず、挑戦するたびにがっかりする子もいるのではないでしょうか。先生が一生懸命になればなるほど、うまくいかない子供たちにとっては負担が増えます。

　スタートをそろえることと目標を示すことは大事なことです。しかし、**ゴールをそろえることに躍起になり過ぎない**よう注意が必要です。

☑ 1 位の子もビリの子も認める

　コーチングやカウンセリングの場では、その人そのものを Being といい、その人の行為や行為の結果を Doing といいます。

　テストの成績とか順位とかは全て Doing です。Doing がどうであっても Being の価値は変わりません。

　どの子も「Being ＝その子の存在自体」は大切に扱われなければなりません。 1 位の子でもビリの子でも、それは同じです。

　ビリの子がいるのは現実です。しかし、それは悪いことではありません。1 位もビリもどちらも大切です。

CHECK

スタートは
そろえよう

ビリでもいいと思って実践していると、やる気がないとか、適当にやっているとかと言われそうになります。そう言われないよう、スタートはきちんとそろえましょう。

CHAPTER 4/2

家庭のことはあきらめる
自分の持ち場で全力を尽くす

　宿題をやってこない子がいると、やってこない理由を聞き、怠けていたときには厳しく叱っていました。しかし目の届かない家庭でのことですので、なかなか成果が上がりません。頑張っても成果が上がらないので、ますますイライラしてしまい、子供に八つ当たりしてしまうこともありました。その結果、自己嫌悪に陥ってしまいました。

ここを引き算！

家庭は家庭、学校は学校と割り切ろう

☑ 奨励はするが深入りしない

　宿題をしたり、明日の準備をしたり、テレビゲームをやり過ぎないようにしたり、早寝早起きをしたり、朝ご飯を食べたり……、このようなことを教室で子供たちに話すことがよくあります。

　それらは全て子供たちの家庭でのことです。先生の目が届きません。その場で指導することはできません。限界があるのです。

　また、それぞれの家庭にはそれぞれの事情もあるでしょう。

　家庭でのことは家庭に任せましょう。家庭にまで深入りされたくないと思う保護者もいます。

☑ 学校でできることをしっかりやる

　目の届かない家庭でのことにまで口を出しても、その効果はあまり期待できないでしょう。労多くして功少なし、です。

　それよりも、**自分の指導力の及ぶ範囲での指導に力を尽くすこと**の方が大事なことです。

　宿題を忘れたら休み時間にさせましょう。忘れものが多かったら、連絡帳をきちんと書かせ、準備の仕方を教室で教えましょう。

　学校での指導は学校の責任、家庭での行動は子供と家族の責任です。誰の課題かをはっきり意識して取り組みましょう。

CHECK

**奨励することは
大事なこと**

家庭は家庭と割り切ることは、家庭での生活に無関心になることではありません。関心を示しつつ、深入りはしないということです。こうするといいよ、というメッセージは伝えましょう。

チェックは子供に頼む
細かいチェックは大変な作業

　毎日やることになっているのに、それを忘れてしまう子がどの学級にもいると思います。例えば、「朝のうちに宿題を提出して、自分で名簿に〇をつける」「朝のうちに名札をつける」「毎朝チェックするハンカチとティッシュを準備しておく」などです。できていない子にいちいち声をかけたり注意したりするのも、毎日は大変です。

ここを引き算！

日常のチェックを班長にやってもらおう

☑ 忘れがちなことをチェック

　子供たちの中には、宿題のチェックや忘れ物のチェックを「したがる」子がいます。チェックを楽しんでやってくれるのです。お願いすると喜んでチェックをし、「先生、山中さんが出ていません」などと報告をしてくれます。忙しいときにはとても助かります。左のページで挙げた**宿題や名札、持ちもののチェックは、どんどん班長にお願いしましょう。**

☑ 班長が忘れたら相互チェックを

　席替えをすれば班長が変わります。席替えをしなくても、定期的に班長を変えている学級は多いでしょう。どの子も班長を経験した方が子供のためになります。

　そうすると、班長になっていてもうっかりと忘れてしまう子も出てきます。忘れがちな子が班長を務めているからです。

　そのようなときのために**「相互チェック」もするよう、子供たちにお願いしておきましょう。**基本は班長がチェックしますが、班長任せにしないで、お互いに「宿題出した？」「窓開けてないよ」など声をかけ合うようにさせましょう。

CHECK

それでもチェックはもれる

こうやってもチェックがもれることはあります。何事にも完璧はありません。もっとよいシステムがあれば、子供たちにアイデアを出してもらうのもよいでしょう。

子供に期待し過ぎない
子供はできないのが当たり前

　3年生を担任していたあるとき、校外学習のしおりを綴じ込むことになりました。子供たちにB4判の印刷物を5枚配りました。それを二つに折って冊子にします。最後にホチキスで綴じるのですが、子供たちがなかなか綴じられません。子供たちがうまくホチキスを使えないのです。できないことが多いなあと改めて思いました。

ここを引き算！

「できるはず」の期待をやめる

☑ 期待が大きいと落胆も大きい

　「これくらいはできるだろう」「これくらいはできて当たり前だ」と考えていると、できなかったときの落胆も大きくなります。反対に、「これはできないだろう」「これは難しすぎる」と考えていたものができると、喜びが大きくなります。

　期待し過ぎていると、期待したものが得られなかったときの落胆が大きいということです。

　期待をし過ぎないようにしましょう。もし期待をしても、できないことも当然あると考えておきましょう。

☑ できない自分を認めてねぎらおう

　先生自身にもできないことはたくさんあると思います。できない自分を意識したときに「できない自分はだめだ」「これくらいのことができないようでは恥ずかしい」と思っていませんか。

　できない自分を認められないと、他の人ができないこともなかなか認められないものです。

　先生自身ができない自分を認めてねぎらってみましょう。「できなくてもいい」「できないけれども自分は最高だ」と考えましょう。

　すると、子供たちができないことにも寛容になってきます。

CHECK

チャレンジは
やめない

できないことを認めるということは、できないままでいいということではありません。チャレンジして失敗してもいいということです。チャレンジすることは大事なことです。

CHAPTER
4/5

仕事を子供に任せる
やりたがる子にやってもらう

　各学期のはじめに掃除当番を決めたときのことです。その年は、2か所のトイレ掃除がクラスに割り当たっていました。いつもは希望者を募って当番を決めていたのですが、最初から掃除当番をくじ引きで決めました。ところが、後日の子供たちの日記に、トイレ掃除になれなくて残念だったと書いてあり、なんでもさせてみるものだなと反省しました。

ここを引き算！
どんな仕事でもまず希望者を募ってみよう

☑ 任せるのは子供たちのため

　仕事を子供たちに任せてしまうことに罪悪感を抱いてしまう人もいるかもしれません。そういう人は次のように考えてみましょう。

・子供たちに仕事を任せることは**子供たちを信頼**すること。
・仕事を任せることで**子供たちの自己有用感**を上げる。
・子供たちは**仕事を通して学ぶ**ことがたくさんある。
・自分の仕事をけずってでもお手伝いをさせることに**意義がある**。

　こんなふうに考えると、仕事を任せることによって多くの効果が期待できることが分かります。

☑ こんな仕事を任せてみよう

　次のような仕事を任せてみてはいかがでしょうか。

1　提出物チェック。番号順に並べてもくれます。
2　床の掃除。休み時間にやってくれます。
3　プリント配り。慣れると早いです。
4　教材・教具の作成。手伝える部分を。
5　掲示物の掲示、補修。慣れると上手です。
6　教室内の整理整頓。ロッカーやロッカーの上など。

　係活動で行ってもよいかもしれません。

CHECK

**個人情報には
細心の配慮**

提出物などで個人情報に関するもののチェックは、お願いしないように注意します。宿題のチェックも、ノートの中を見るのではなく、名前だけをチェックするようにします。

普通が一番
特別なことをしなくてもいい

　本で読んだり講座で聞いたりした実践を、自分の教室でも試していました。見栄えのする実践、子供が活躍する実践など、やっている感が味わえました。ところが隣の主任のクラスは、特別そのようなことはしていませんが、子供たちがいつも落ち着いてニコニコしていました。実にいいクラスでした。

ここを引き算！

「特別できる」を目指さない

座る姿勢が美しいね

普通のことからしっかりと…

ピシッ

☑ 普通に生活をしていればいい

学校の独自性を出すことが奨励されます。同じように、学級の独自性を出すことも奨励されます。ですから、他の学級との違いを出さなければなりません。違いがないと学級の存在感が薄い感じがします。

もしもそんなふうに考えているとしたら、今すぐそういう考えはやめましょう。多くの場合、**先生だけが心配しています**。

先生に個性があるように、学級には自然と個性が出るものです。普通の教育活動を淡々と行えば、個性がにじみ出てきます。後は、そのにじみ出た個性を先生が発見して後付けすればいいのです。

☑ 普通のレベルを上げていく

何か特別な実践をするのが悪いわけではありません。負担にならないならいろいろなことに挑戦するのはいいことです。しかし、**特別なことをしなくてもできること、やるべきことはたくさんあるものです**。

その中でも重要なものの一つが、普通のレベルを上げるということです。例えば、返事も挨拶もどの学級でも行われ、どの学級でも奨励されます。この返事や挨拶のレベルをどんどん上げていくのです。また、姿勢よく座ったり、姿勢よく立ったりすることも、奨励されることです。この姿勢のレベルを上げるのです。

CHECK

変化を子供に伝える

当たり前のこと、普通のことでも、変化していること、レベルが上がっていることを、折に触れて子供に伝えましょう。子供の変化を見る目も研ぎ澄まされ、自分の実践に自信がもてるようになります。

CHAPTER 4/7

「見事」な掲示不要！
教室掲示＝情報の伝達＆確認

　以前、一緒に学年を組んだ女性のD先生は、掲示物に凝る先生です。掲示物の専門書を何冊も持っていて、いつも百貨店のディスプレイのような、素敵な教室掲示をされています。私もなんとか真似しようと思って頑張るのですが、とても真似することはできず、子供たちや保護者に比べられているのだろうなと思って、焦ってしまいます。

ここを引き算！

作品のような掲示物はつくらない

☑ シンプル・イズ・ベスト

　凝り出すと切りがないのが教室掲示です。いくらでも可愛く美しくすることができます。でも、それは教室掲示の本質ではありません。

　教室掲示の本質は、学級経営に必要な情報にすぐにアクセスできることにあります。ですから、きらびやかな飾りはかえって邪魔になることもあります。

　題字もレイアウトもシンプルでいいのです。シンプルだからこそ、情報にアクセスしやすいということもあります。懲りすぎて時間と手間をかけ過ぎないようにします。

☑ 掲示を簡単にする工夫

　掲示に時間をとられないためにすぐにできることを紹介します。
1　子供たちにできることは、子供たちに手伝ってもらいましょう。掲示係をつくって掲示してもらったりはずしてもらったりしましょう。
2　**クリアファイルを活用**して、掲示物を入れ替えるだけにしておきましょう。こうすれば子供たちが入れ替えることができます。
3　**画鋲が落ちやすいところは粘着ゴム**を使いましょう。画鋲が落ちると危険ですし、何度も貼り直す手間もかかります。落ちやすいところは粘着ゴムで貼ると便利です。

CHECK

縦横をそろえて貼る

適当に掲示をしていると思われないためには、最低限、整っていることが必要になります。手間をかけなくても、縦横を整えて貼ること、正しい位置に貼ることはできます。それが美しさにつながります。

学習習慣
ポイントリスト
聞く力を高めて急がば回れ

　定期テストをすると、隣の先輩のクラスと、平均点が何十点も違いました。もちろん私の担当するクラスの方が平均点が低いのです。何とかしてその差を縮めようと、小テストをしたり宿題を増やしたりしてみましたが、なかなかうまくいきませんでした。それどころか、点数にばかりこだわったからか、学級経営もうまくいかなくなってきました。

ここを引き算！

テストの点数は後回しにする

☑ 学習の基本中の基本は聞く力

　授業を進めることを強く意識している先生は多いと思います。しかし、授業をいくら計画通りに進めても、授業内容が子供たちに理解されないのでは意味がありません。

　子供たちが授業内容を理解するには、何と言っても「聞く力」が大事になってきます。ですからまず、子供たちの「聞く力」を高めることが学習の成果を上げる近道です。

　新学期が始まったらまず聞く力を高めましょう。聞く力が高まれば、多少の学習の遅れはすぐに取り戻せます。

☑ 聞く力はこうして高める

　話を聞く力を高めるために、まず、**黙ることを体験**させましょう。おしゃべりをしないで静かにしている時間を延ばしていきます。

　次に姿勢を正して先生の方を集中して見る練習をしましょう。この時間も徐々に延ばしていきます。

　さらに、先生の言う数字をノートに書いたり、言葉をノートに書いたりする作業をさせましょう。このときも黙って書かせます。

　授業中についおしゃべりをしてしまう子は、その都度注意して、静かに聞くようにさせましょう。

CHECK

**学期末には
間に合わせる**

多少の学習の遅れは取りもどせますが、それ以上に遅れてしまうと取りもどすことが難しくなります。残りの時間と学習内容を考えて、バランスよく進めます。

口癖をポジティブに
ダ行の口癖をサ行にする

　子供たちによくなってほしいと思えば思うほど、不十分なところが見えてしまいます。注意することも多くなってきて、「だって、生活のきまりに書いてあるでしょう」「そういう考えはずるい考えです」などと、言葉も厳しくなってきてしまいました。だんだんと子供たちのやる気もなくなってきたようで焦っています。

ここを引き算！

ネガティブな口癖はやめる

☑ ダジヅデドはネガティブ

次のような**ネガティブな言葉は言わない**ようにします。

ダ　だって
ジ　自信がない
ヅ　ずるい
デ　でも、できない
ド　どうせ

このような言葉を最初に言うと、その後にはネガティブな言葉が続いてしまうので、要注意です。

☑ サシスセソはポジティブ

次のようなポジティブな言葉を使いましょう。

サ　さて（切り替えて行こう！）
シ　心配ないさ
ス　すばらしい
セ　せっかくだから
ソ　そうだ、その通り

このような言葉を最初に言うと、**その後にはポジティブな言葉が続きます。**こういう言葉をなるべく使いましょう。

CHECK

**実行する
ことが大事**

ポジティブな言葉を使うことはとても大事なことですが、言葉を使っただけではもちろん何も変わりません。言葉を使う以上に大事なことは実行することです。実行を目指しましょう。

CHAPTER 4/10

楽ちん学級通信術
要点を絞って的確に伝えよう

　学級通信を何号も出している先輩の真似をして、自分も学級通信を発行してみました。せっかく発行するのだからいいものにしようと、毎日遅くまで学校に残って充実した学級通信に仕上げました。ところが、ある子に「お母さん、読む時間がないからってほとんど読まないんです」と言われ、力が抜けてしまいました。

ここを引き算！

1分くらいで読める
学級通信を目指そう

☑ 文字は少ない方がいい

　学級通信は保護者に読んでもらうものです。読んでもらえなければあまり意味がありません。

　しかし、現代は共働きの家庭が多く、保護者にも時間がありません。文字の多い学級通信では、読んでいる時間もないし、読む気も起きないでしょう。

　そこで、**文字はなるべく少なくして、短時間でさっと読める学級通信にしましょう。**そのためには、大きな文字で写真を多めにするとよいと思います。写真が多いと保護者にも喜ばれます。

☑ 子供の姿を伝えるのが本質

　子供たちの様子が載っている学級通信が、保護者にはいちばん喜ばれます。

　子供たちの様子を伝える最もよいものが写真です。保護者と子供に掲載の許可を取る必要はありますが、写真ならば撮って載せるだけなので、文章を書くよりもずっと簡単です。また**子供たちの日記や感想もよい**と思います。我が子の書いた文章ならば保護者も喜んで目を通してくれます。

　短時間で読めて、しかも子供たちの姿が伝わると、保護者も喜んでくれます。

CHECK

主任や管理職に必ず回議する

学級通信は学年主任や管理職に必ず回議してから発行するようにしましょう。学年主任や管理職は、長年の経験から不適切な学級通信をチェックしてくれますので、安心して発行できます。

4

必要なムダも抜いてしまう

　「あそび」という言葉があります。機械の連結部分がぴったりと付かないで、少しゆとりがあることです。

　車のハンドルを思い出してみてください。一般の車では、ハンドルを左右に少し動かしても、すぐにタイヤが動くようにはつくられていません。ある程度まで回してはじめてタイヤが動きます。この**一見無駄に見える可動範囲が「あそび」**です。

　この「あそび」がハンドルにないと、ハンドルをちょっと動かしただけでもタイヤが左右に動いてしまい、とても運転がしづらいそうです。

　仕事をする上でも、この「あそび」という考え方は大切です。この場合の「あそび」とは、**言い換えれば「必要なムダ」**ということです。例えば、普通はムダだと考えられることでも、その中に意義や必要性を見い出す場合があります。雑談で気分転換をしたり、情報を得たりするようなことです。全ての仕事の時間を、100％の力を出して取り組むのは素晴らしいことかもしれません。しかし、常に100％の力を出していては心身ともに疲れ切ってしまうでしょう。

　仕事をする上で、適度のあそび（必要なムダ）があることは、ある意味効率的なことでもあるのです。「あそび」を全て省いてしまうことは、たとえ時間が短縮できたとしても一考の余地があります。

☑ 教師も子供もwin-win!

授業経営
さくさくメソッド

指導書を最大活用

指導書通りの授業で腕を上げる

　若い頃、技量は未熟なのに理想ばかりが高く、「指導書に頼らずに、自分で教材研究をして自分で授業をつくるべき」と考えていました。しかし、理想と現実は異なり、授業は失敗の連続でした。ある日、見かねた先輩から「まず指導書を隅から隅まで読め」と言われました。読んでみると参考になることがたくさん書いてあり、それまでを後悔しました。

ここを引き算！
考え過ぎず、指導書通りに授業をしてみる

☑ 指導書を 5 分間だけ読む

　指導書をじっくり読んでみましょう。実に多くのことが、これでもか というくらい書き込んであります。じっくりと読めば、その教科のその 学年の専門的な知識や指導法をたくさん知ることができます。

　問題は、指導書をじっくりと読む時間がないということです。そして、 じっくりと読む時間がないと、私たちは最初から読むのは無理だと、あ きらめてしまうことがあります。

　しかしそれは間違いで、たとえ 5 分間でも読めば知識が身につきます。 **読まないよりずっといい**のです。5 分間でも読んでみましょう。

☑ 「学ぶ」は「真似ぶ」

　指導書の通りに授業をすることは悪いことではありません。そのため に高い指導書を購入しています。十分に活用したいものです。

　「学ぶ」ことは「真似ぶ」ことだとよく言われます。優れたものと真に 似るほどに真似をすることが学ぶことだと考えることもできます。真似 をすることは悪いことではありません。

　指導書を読んで、指導書の通りに「真似」をして授業をしてみましょう。 **教材研究の時間が大幅に短縮**されます。また、真似をしているうちに授 業技術も身についてきます。

CHECK

職員室で 指導書を開く

指導書を開いて読んでいるだけで、教材研究を頑張っ ているなという印象を与えます。そういうアピールを することも大事なことです。職員室で数分間、指導書 をながめてみましょう。

採点は子供がする
確認よりも出力に時間をかける

　確認のための小テストや漢字ドリルの練習など、なんでもかんでも担任の先生がチェックするべきものだと思っていました。子供が採点したのでは間違えるかもしれないし、そもそも間違いに気付かずに練習していることも多いと思ったからです。ですから、毎日毎日の丸付けに多くの時間がとられ、疲れ果ててしまいました。

ここを引き算！
子供は採点ができないという
思い込みをなくす

☑ 生み出した時間で小テストを

　漢字の書き取りの力を高めるためには、正しい漢字を見てそれを写すという練習も必要です。しかし、テスト形式で思い出して書くという活動もとても有効です。**テストとは、覚えたことを再生すること**です。再生することで記憶は強化されます。これは他の学習についても同じです。

　しかし、テストをする時間があまりありません。また、テストをすると採点をしなければならないので、やるのがおっくうになります。

　そこで、小テストの採点を子供に任せてしまうのです。それによって節約できた時間と手間を、小テストをするために使いましょう。

☑ 時々、子供の採点を採点する

　子供に採点を任せるときは、子供が正確に採点できているかを時々チェックすることが必要です。つまり、**採点の仕方を採点する**のです。

　機械にしてもシステムにしても、定期的なメンテナンスは必要です。テストの自己採点も同様です。これを怠ると、子供によってはチェックに手を抜いたり、いい加減に見てマルを付けたりしてしまいます。

　間違いを覚えてしまうと、学び直さなければなりません。学ぶ直すには、最初から覚える以上に時間がかかってしまうので、この点には気を配りましょう。

CHECK

**採点チェックを
アピールする**

子供たちに採点をさせても、採点が正確にできているかどうかは、先生がちゃんとチェックしているということを、周りの先生や管理職にもアピールしておきましょう。

CHAPTER 5 / 3

音読は最強の学習法
何はなくともまずは音読から

　充実した授業をして、子供たちに学力をつけなければならないと考え、プリント教材の本から、毎時間のように役立ちそうな問題を印刷して子供たちにやらせていました。しかし、なかなか授業に集中しない子供たちを静かにさせることでせいいっぱい。準備ばかりに時間を割いて、結局子供の学力アップは適いませんでした。

ここを引き算！

困ったときは音読しよう

☑ 音読をしていれば授業になる

　忙しい毎日ですから、授業の準備が間に合わないということもたまにはあるでしょう。だいたいはそれまでの経験で乗り切ることができますが、どうしてもできないときもあります。

　そんなときは、とにかく音読です。教科書の音読です。教科書がなければ、**資料集でもプリントでもかまいません。計算問題の音読でも大丈夫**です。

　とにかく音読をしていると、授業が進行していきます。音読をしているだけで、授業になります。

☑ 音読が脳の働きを活性化

　ただ単純に声に出して文章を読むだけですが、そのときに脳が活発に動いているという研究があるそうです。音読や素読が脳の働きを活発にしているのです。

　そのような専門的な研究でなくても、文字を見て、それを音声化して、それをまた自分の耳で聞いていることを繰り返せば、学習内容が定着していくのは想像できます。

　たかが音読、されど音読。困ったときは、子供たちに何度も何度も音読をさせましょう。

CHECK

**追い読みを
取り入れて**

子供たちが音読するだけでは、「教師の指導がない」「手を抜いている」と見られるかもしれません。そんなときは、先生がある部分を音読し、続いて同じ部分を子供たちが音読する「追い読み」がお勧めです。

めあてと振り返り
カードを使って上手に振り返り

授業では、めあてと振り返りをきちんとするように何度も先輩から指導を受けました。ですので、そのことを頭に入れて授業に臨むのですが、いつも時間をオーバーしてしまい、振り返りが休み時間にかかってしまいます。また、黒板に振り返りを書くスペースがなくなってしまうこともよくあります。なかなかうまくいきません。

ここを引き算！
3種類の磁石カードを先に貼ってしまう

☑ 先に貼って目印にする

「めあてカード」「まとめカード」「振り返りカード」の3種類のカードをつくりましょう。学校によってはもうつくっているところもあるかもしれません。

そのほとんどはおそらくカードを使うタイミングで黒板に貼っています。しかし、これでは、なかなかめあてや振り返りを意識できません。

そこで、**3種類のカードを最初から黒板のだいたいの位置に貼っておきます**。授業の進行に合わせてずらせばいいのです。いつでも貼ってあるので、意識して授業を進めることができます。

☑ 何も見ないで振り返る

「めあて」と「まとめ」は今までの授業でも行ってきたので、難しくはありませんが、「振り返り」は何をどのようにすればよいのか、悩むのではないでしょうか。

子供たちに振り返らせると、まとめと同じことを書いたり、単なる感想を書いたりしがちです。

そこで、振り返りとして、**黒板・教科書・ノートを見ないで、授業で勉強したこと、ためになったこと、生かしたいこと**を書かせます。すると、子供も書きやすく、出力になるので記憶にも残りやすくなります。

CHECK

縦書きカードも
つくる

国語など、縦書きの板書で横書きのカードを使うのはいささか使いづらいです。縦書きのカードもつくっておきましょう。

子供にも板書させる
考えや気付いたことを書かせる

　いつかの社会科の授業でのこと。子供たちにスーパーマーケットで働く人たちが工夫していることを考えさせました。発表させようとすると、たくさんの手が挙がります。指名していると切りがないので、途中で発表を打ち切りました。すると、発表できなかった子が「発表したい」と口々に言い出して、収拾がつかなくなってしまいました。

ここを引き算！
口頭発表にこだわらず
黒板に書かせよう

☑名前を書かせる

　一人ひとりの発表を聞いている時間がないときは、発表したい子供全員に出てきてもらい、一気に板書させましょう。子供たちに板書させる際には、必ず自分の名前を書かせてから、**「（名前）自分の考え」のように書かせます。**

　名前を書くと、後で発表をしてもらうときに便利です。また、もう少し詳しく聞きたいときにも便利です。見ている子供たちに指摘させるときにも、「〇〇さんの意見は〜」と発言できるので、効率的です。

　名前はひらがなでも差し支えありませんが、大きめの文字ではっきりと書くよう指導します。

☑写真に残しておく

　子供たちの板書が完了したら、黒板全体の写真を撮っておきましょう。後でいろいろなことに活用できます。

　例えば、自分の授業の記録として、子供たちがどんな考えをもっているかの確認になります。**評価の際には、誰が積極的に板書したか、どのようなことを考えていたのかを知ることができます。**

　また、子供たちは写真に撮られることを喜ぶので、「写真に撮るからたくさん書いて」と言うと、張り切って書いてくれます。スマートフォンで構いませんので、日頃から写真を撮っておきましょう。

CHECK

まとめ・振り返りカードの活用

板書を手抜きしていると見られないとも限りませんので、まとめカードと振り返りカードを黒板に貼って、授業のまとめと振り返りをしておくとよいでしょう。

クイズをつくらせる
クイズづくりは一石二鳥の学習

　単元の終わりには、学習内容の定着を確実にするために単元内容を振り返っていました。子供たちに大事な言葉を挙げさせ、それを板書してまとめ、ノートに視写させていました。確かに大事な学習なのですが、授業は退屈で、子供たちには笑顔が見られませんでした。何だか苦行をしているようでした。

ここを引き算！

「授業は真面目に」
という思いは捨てる

第1問の答えは？

＼ ハーイ ／

☑ 準備がいらなくて楽しい

「クイズ大会で単元まとめ」は、特別な準備がいりません。教科書とノートがあればすぐにできます。

まず、グループで問題をつくります。先生が適当な問題数を決めておきます。10分〜15分で問題をつくります。問題は3択にしておきます。これは後で答えるときに便利だからです。

グループの代表者が前に出たり、その場で立ったりして出題し、他のグループは全員で答えを指で出します。

正解したグループに得点を入れていきます。

☑ 小物があるとより楽しい

「1」「2」「3」の数字を書いた、大きめのカードを用意しておくと、回答する際にそのカードを一斉に出すことで、大会の雰囲気が盛り上がります。正解を示す際にも使えます。

チャンピオンのチームには、**小さなトロフィーや賞状などを用意して表彰する**と、さらに雰囲気が出ます。

チャンピオンのチームはトロフィーや賞状を持って記念撮影をし、それを教室の掲示コーナーに貼ってもよいでしょう。学級だよりで紹介しても楽しいと思います。

CHECK

**うるさく
ならないように**

ゲーム形式になると、子供たちの声がだんだんと大きくなり、学習の雰囲気ではなくなることがあります。開始前に、大きな声を出さないようによく話しておきましょう。

まとめ方を教える
1人でノートにまとめさせる

　子供たちに、教科書を読んで大事なことをノートにまとめさせてみました。後でそのノートを見て驚きました。子供によって書き方もまとめ方もばらばらで、何をまとめているのかがよく分からないのです。なぜ指導がうまくいっていないのか理由が分からず、途方に暮れてしまいました。

ここを引き算！

ノートは個性的でなくていい

☑ ノートを効率的に見られる

　子供たちのノートを見るときに、**形式が決まっていると短時間で効率的に見ることができます。**

　理科や社会のまとめは次のように行います。

1　教科書を2、3回読んで、大事な言葉に線を引きます。

2　その言葉をノートの左側に個条書きで書いていきます。

3　その言葉の説明を、教科書の中から探して、ノートに写します。

　実際には、説明が2行、3行になることもありますので、言葉を一つ書いたら、説明を書くようにします。

☑ 自主学習にも自習にも役立つ

　自主学習を子供たちに奨励している学級や学校も多いでしょう。自主学習ですから何を学習してもいいのですが、**教科書をノートにまとめることは予習にも復習にもなりますので**、奨励するとよいと思います。

　また、不意の用事が入ったり、休暇をとったりして、子供たちに自習をさせなければならなくなったときにも、教科書のまとめ方を指導しておくと、慌てないですみます。

　適時、図を書いたり、色分けしたりすることを教えておくと、見た目もきれいなノートになります。

CHECK

ノートのチェックをきちんと

子供たちに自分でまとめさせた場合は、ノートのチェックを確実に行いましょう。やらせっぱなしになってしまうと、きちんと指導していないということになります。

教え合い学び合い
子供たち同士で説明し合う

　算数が得意な子がいました。問題を解かせると私よりも速く正確に解いてしまいます。そのため、算数の時間はいつも手持ち無沙汰になっていました。そこで、より難しい計算プリントを渡すなどで対応していましたが、毎時間の準備は大変ですし、そもそも1人だけ特別対応をしているようで、なんとも割り切れない思いでした。

ここを引き算！

得意な子には個別指導をさせる

☑ 説明することで学習内容が定着

　教えることと学ぶこととは、密接に関連しています。十分に理解していなければ教えることはできませんが、教えることによって、理解がさらに深まることも事実です。

　分からない子に教えることによって、教える子の理解も確かになり、教えてもらう子も理解が進みます。正に一石二鳥です。

　さらに、**個別指導が必要な子は何人もいますが、先生はたった1人なので十分な指導はできません。** 子供たち同士で教え合うことが自然にできれば、子供も先生もお互いにハッピーです。

☑ 学び合いをシステム化する

　子供たち同士の教え合い学び合いを有効に活用するには、この活動をシステム化してしまうとよいと思います。
・早く終わった子は先生にマルを付けてもらう。
・マルを付けてもらった子は他の子に教えに行く。
・教えてほしい子は挙手する。挙手しない子には無理に教えない。
・教え合いは必ず1対1で行う。
・**答えは教えない。**
　このようなことを決めておくとよいでしょう。

CHECK

子供任せにしない

子供同士での教え合い学び合いが上手になってくると、つい子供任せにしてしまいがちです。そうなると、放任しているようになってしまいます。先生も机間巡視をして、必要な場合は個別に指導します。

教え込みでいい
学習すべきことを分からせる

社会科の授業で、米づくりの工夫について、グループで話し合わせていました。子供たちの話し合いを聞いていると、いろいろとしゃべってはいますが、米づくりを体験したことも見たことも調べたこともないので、想像で適当にしゃべっているだけでした。ある程度の知識がないと話し合いにはならないものだと知りました。

ここを引き算！
子供に任せすぎず、
知識という道具を与えよう

☑ 知識がないと話し合えない

　思考力・判断力・表現力が重視されていますから、授業では、子供たちに考えさせたり話し合わせたりする活動が多くなってきます。

　しかし、考える活動をさせても、考えずにただ黙っている子、話し合い活動をさせても、おしゃべりで終わってしまう子はいませんか。考えさせることも話し合わせることも、実は難しい指導です。

　それよりも、その教科のその時間に、**理解すべきこと覚えるべきことを確実に覚えさせることをまずやりましょう**。

　知識が豊かになると、自然と考える力もついてきます。

☑ 知識があればテストはできる

　多くの学校で教材会社のテストを用いていると思います。そのテストを見ると、「知識・理解」「技能」「思考力」の三つの観点で問題が作成されています。

　テストでよい点数をとらせたいと思ったら、「技能」や「思考力」に関する指導をしなければならないと思うでしょう。しかし、実際には知識・理解が不十分なために点数がとれないという場合がほとんどです。反対に、知識・理解が十分ならば、かなりの点数がとれます。

　そういう意味でも、**まず知識・理解優先でいいのです**。

CHECK

思考力・表現力軽視ではない

知識・理解を大事にすることは、思考力・表現力を軽視することではありません。どちらも大事です。ただ知識・理解が先行だということです。このことはいつも頭に入れておきましょう。

テスト時期を逃さない
教科書やドリルに目印をつける

　この単元が終わったらテストをしようと考えていて、子供たちにも前もって伝えておきました。ところが、いざテストを配ろうとしたところ、はたと手が止まりました。テストの冒頭に範囲が書いてあり、次の小さな単元名まで書いてあります。その単元の指導が終わらないうちは、まだテストはできないとそこで気が付き、急遽予定を変更してしまいました。

ここを引き算！
テストの範囲が分かるよう
印をつけよう

☑「テスト」などとメモしておく

　どこまで授業をしたらテストをすることになっているのか、よく分からないということはないでしょうか。また、分かっていても、授業を進めているうちにうっかりと忘れてしまったりして、テストのタイミングを逃してしまうことはないでしょうか。

　そのようなことを防ぐために、**テスト範囲の単元の最後のページに「テストをする」「テスト No3」などとメモをしておきましょう。**教科書をめくっていくと、メモが出てきますので、このタイミングでテストをすればいいとすぐに分かります。

☑ テストはなるべく早く返す

　時期を逃さずにテストを実施したら、なるべく早く返すと子供たちの学力向上につながります。**早いうちに正解か不正解かが分かった方が記憶に残る**からです。

　制限時間内に終わってしまう子も多いと思いますので、早く終わった子には見直しをさせて提出させ、その子のテストの採点をその時間内にしてしまいましょう。早く終わった子は読書や計算ドリルに取り組むことなどを決めておくとよいと思います。また、後になると面倒にもなりますので、テストが終わった後の休み時間にも採点をしてしまいましょう。

CHECK

テストはためない

授業時数が足りなくなることがあり、ついついテストの実施や採点を先延ばししてしまうことがあります。テストをためてよいことは一つもありませんので、計画的に処理していきましょう。

5

単なる先送りにはしない

　引き算仕事術は、ある仕事を省いたり、手順を少なくしたり、完成度が求められない部分では6割主義でよしとしたりすることで、現象面だけを考えれば、「仕事をしない」ということです。

　仕事をしないことと言えば、やるべき仕事があることは分かっていても「今は仕事をする気がしない」「面倒なので後でやろう」と考えて、ダラダラと仕事を先送りしてしまうことがあります。

　両者はよく似ています。

　しかし、仕事の効率化は単なる仕事の先送りとは異なります。

　仕事を先送りにするというのは、いつか必ずやらなければならない仕事を、遂行するタイミングだけ遅らせるということです。これに対して効率化というのは、それまでやらなければならないと考えていた仕事を見直して、仕事量を少なくしたり、仕事そのものを省いてしまったりすることです。するべき仕事は先送りせずに取り組みます。

　やらなければならない仕事を先送りして、現在の時間を生み出したり、現在の仕事量を少なくしたりすることは、一見効率的に見えないこともあります。しかし先送りした仕事はいつかは遂行しなければなりませんから、その仕事を遂行するタイミングによっては過重な負担になることもあるでしょう。

　効率化と単なる先送りとを混同しないよう、注意深く見極める必要があります。

おわりに

　教員になった頃、二つ年上の先輩に、冗談で、
「山中さんは、仕事の鬼ならぬ仕事のオニムシだ」
と言われたことがあります。
　また、あるとき仕えた校長先生に、
「山中さんはワーカホリックだからなあ」
とも言われました。
　おかしな話ですが、そう言われて悪い気はしませんでした。
　自分の時間を忘れて仕事に打ち込んでいる、という思いがあったから
だと思います。
　夏休みに出勤する日数を同僚と競ったり、職員室を最後に退出する回
数を自慢したりしていました。
　しかし、そんな私も結婚して子供ができて、忙しくなりました。
　そこでやっと「時間は有限だ」という事実に気が付きました。
　時間が有限だと気付くと、今までやってきた、休まずに出勤する日数
を比べたり、最後まで職員室に残っている回数を自慢したりすることが、
おかしなことに思えてきました。
　もっと仕事を上手にやりくりして時間を生み出し、生み出した時間で
生活を充実させることが大事だとやっと分かったのです。
　仕事に打ち込むことは立派なことです。
　しかし、仕事に打ち込んでいる自分に酔ってしまい、無理やり打ち込
む場所を探していたようにも思えます。
　仕事だけが人生ではありません。
　仕事以外の部分を充実させることも大事で、それがまた仕事に反映す
るのではないでしょうか。
　楽しく充実した人生を送りたいものです。

2020 年 3 月

　　　　　　　　　　　　　　　　　　　　　山中　伸之

●著者紹介

山中伸之（やまなか　のぶゆき）

1958年生まれ。宇都宮大学教育学部卒。栃木県内の小中学校に勤務。
研究分野：国語教育、素材研究法、道徳教育、学級経営、「語り」の教育等。
東京未来大学非常勤講師、実感道徳研究会会長、日本群読教育の会常任委員。
著書：『忙しい毎日が劇的に変わる　教師のすごいダンドリ術！』『できる教
師の叱り方・ほめ方の極意』『カンタン＆盛り上がる！　運動会種目101』
（以上、学陽書房）、『全時間の板書で見せる「私たちの道徳」小学校1・2
年』（学事出版）、『「聴解力」を鍛える三段階指導―「聴く子」は必ず伸び
る』（明治図書）等多数。

教師の引き算仕事術

2020年3月11日　初版発行

著　者　　山中伸之
やまなかのぶゆき

発行者　　佐久間重嘉

発行所　　学 陽 書 房

〒 102-0072　東京都千代田区飯田橋1-9-3
営業部／電話03-3261-1111　FAX 03-5211-3300
編集部／電話03-3261-1112
http://www.gakuyo.co.jp/
振替　00170-4-84240

イラスト／坂木浩子
ブックデザイン／スタジオダンク
DTP制作・印刷／精文堂印刷
製本／東京美術紙工